1.-4. Schuljahr

Karl-Heinz Knorr

Musik machen in der Grundschule

Arrangements für Orff- & Melodieinstrumente

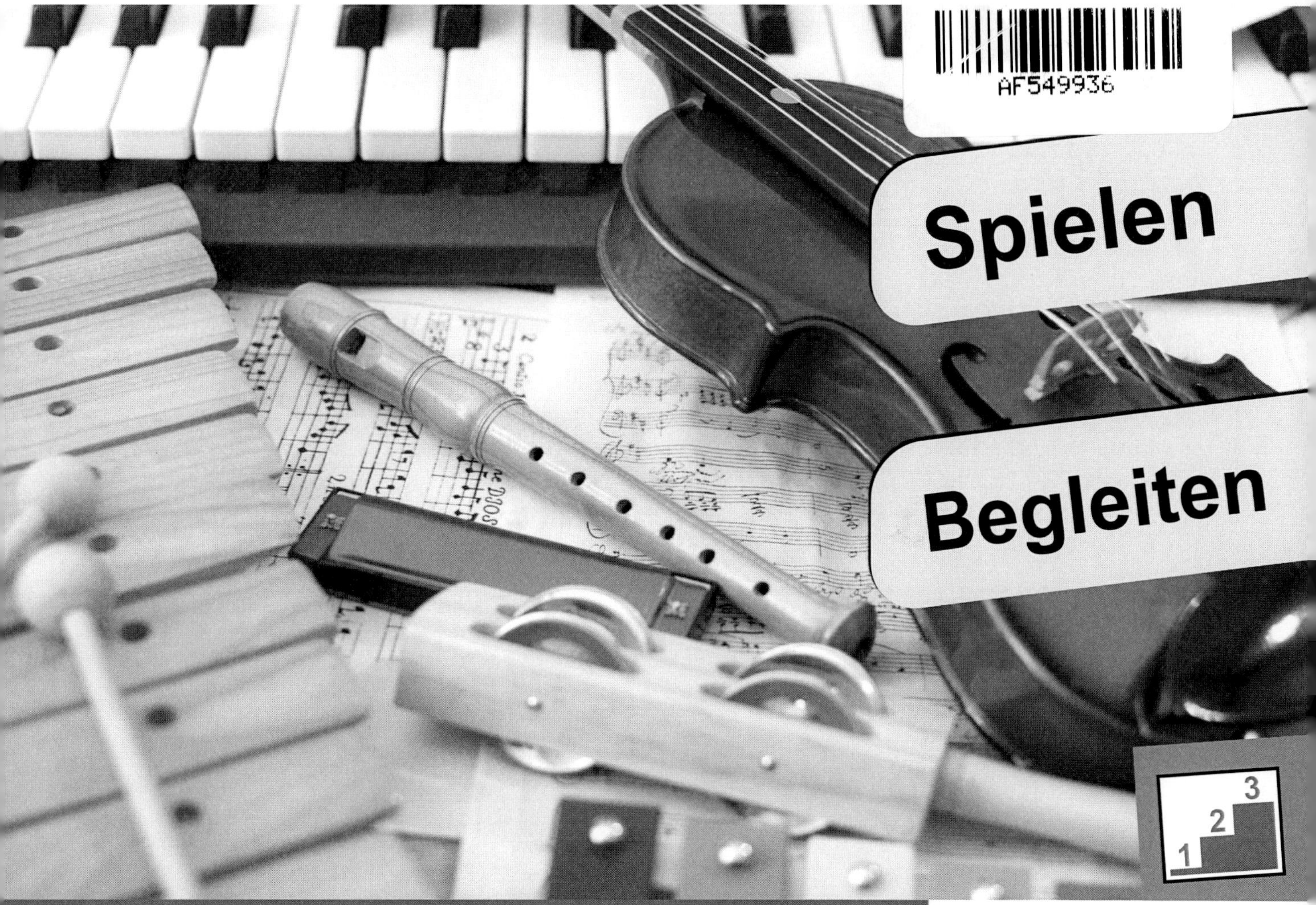

Spielen

Begleiten

- 22 differenzierende Spielstücke
- Von volkstümlich bis klassisch
- Leicht und verständlich gesetzt
- Motivierend und aktivierend
- Auch für den Seniorenbereich

www.kohlverlag.de

Musik machen in der Grundschule

Arrangements für Orff- und Melodieinstrumente

5. Auflage 2023

Inhalt: Karl-Heinz Knorr
Coverbild: © koi88 - fotolia.com
Illustrationen: © clipart.com
Grafik & Satz: Kohl-Verlag
Druck: farbo prepress GmbH, Köln

Bestell-Nr. 11 629

ISBN: 978-3-95686-615-9

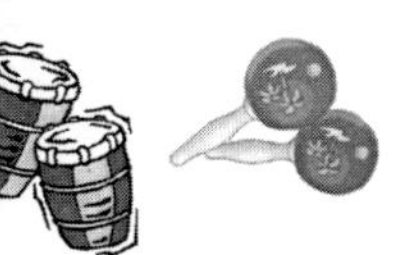

Inhaltsverzeichnis

Leicht spielbar

Mittelschwer

Anspruchsvoll

KOHL VERLAG
Musik machen in der Grundschule
Arrangements für Orff- und Melodieinstrumente – Bestell-Nr. 11 629

Vorwort

„Kinder brauchen Musik wie die Luft zum Atmen."

Diesen wunderbaren Gedanken prägte der deutsche Musikpädagoge Prof. Dr. Hans Günther Bastian (1944 – 2011). Damit meinte er nicht, nur musikalisch hochbegabte Kinder an den Umgang mit einem Instrument heranzuführen, sondern dass Musizieren als eine allgemeine wertvolle Bildung für Kinder angesehen werden kann.

Einschlägige Untersuchungen haben nachhaltig die Unterstützung der Persönlichkeitsentwicklung der Kinder durch eine erweiterte Musikerziehung nachgewiesen. Dabei bewirkt sie im Einzelnen

- eine Verbesserung der sozialen Kompetenz.
- eine Steigerung der Lern- und Leistungsmotivation.
- einen bedeutsamen IQ-Zugewinn.
- eine Kompensation von Konzentrationsschwächen.
- eine Förderung musikalischer Leistungen und Kreativität.
- eine Verbesserung der emotionalen Befindlichkeit.
- eine Reduzierung von Angsterleben.
- überdurchschnittlich gute schulische Leistungen trotz zeitlicher Mehrbelastung.

In unseren Schulen muss deshalb das Interesse für Musik und besonders für das gemeinsame Musizieren bei den Kindern und Jugendlichen geweckt werden, bei denen die Voraussetzungen aus verschiedenen Gründen dafür nicht immer gegeben sind. Das Spielen z.B. auf Orffinstrumenten ermöglicht das in vorzüglicher Weise, da diese Instrumente nicht erst mühsam und über einen längeren Zeitraum erlernt werden müssen, sondern weil auf ihnen ohne größere Vorbereitung sofort gespielt werden kann. Die Ergänzung mit weiteren Instrumenten ist dabei wünschenswert, richtet sich nach dem Stand der Schulausrüstung und den Fähigkeiten der Kinder.

Viel Freude und Erfolg beim gemeinsamen Musizieren wünschen allen Kolleginnen und Kollegen, die es wagen, an diese herrliche Sache heranzugehen, das Team des Kohl-Verlages und

Karl-Heinz Knorr, Rektor a.D.

Methodisch-didaktische Hinweise

Die am Orff-Instrumentarium orientierten Arrangements der einzelnen Stücke können von anderen Instrumenten ergänzt und/oder übernommen werden. Die Notation der Melodiestimmen ist auf die Flöten zugeschnitten, kann aber jederzeit von allen anderen Melodieinstrumenten realisiert werden. Die Harmonieangaben fordern zur ergänzenden Begleitung durch Gitarre, Klavier usw. auf und sind als Anregung zu verstehen. Die Fachbegriffe „Da capo“ (= von vorne) und „Fine“ (= Ende) müssen den Kindern erklärt werden.

Die leichte Spielbarkeit der vorliegenden Melodien ist auf die Struktur zurückzuführen. Sie bestehen fast ausschließlich aus Dreiklangmelodien und einfachen, immer wiederkehrenden Tonfolgen oder Tonleitermotiven.

Beispiele:

Dreiklangsmelodie

wiederkehrende Tonfolgen aufwärts/ abwärts

Tonleitermelodie

Musik machen in der Grundschule
Arrangements für Orff- und Melodieinstrumente – Bestell-Nr. 11 629
KOHL VERLAG

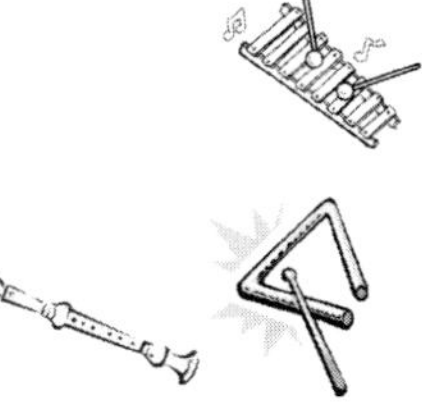

Die folgenden Spielvorschläge sind als **Anregungen** zu sehen.

Besinnliche Weise

Zuerst wird diese auch für die Adventszeit geeignete Weise von den Melodieinstrumenten, in der Wiederholung von allen realisiert. Reihenfolge: A B B A

Festmusik

In der notierten Reihenfolge erklingt erst die Melodie, anschließend spielen alle Instrumente. Folge: A B A

Frohe Weise

Die Umsetzung erfolgt in der angegebenen Reihenfolge A A B B A A.

Hirtenweise

Die volkstümliche Hirtenweise aus Oberösterreich wird nach dem Vorspiel in der Reihenfolge A A B B A A eingeübt. Die Melodie wird von den notierten Instrumenten nur im unterstrichenen Teil begleitet.

Intrada

Das für eine Eröffnung geeignete Stück wird in der Reihenfolge A A B A A präsentiert. Es kann mit oder ohne Melodieinstrumente aufgeführt werden.

Ma come bali bella bimba

Das Vorspiel der italienischen Volksweise kann als Nachspiel am Ende noch angefügt werden. Im Vorspiel spielen Xylophon und Metallophon ein Tremolo (Schlägel im Gabelgriff). Reihenfolge: A B A B A B A

Kleiner Marsch

Die Melodieinstrumente spielen zunächst alleine in der Folge A A B B und werden bei der Wiederholung von den Orffinstrumenten begleitet.

Morgen, Kinder, wird's was geben

Das Weihnachtslied wird in der notierten Reihenfolge umgesetzt. Nach- und Zwischenspiel können in der notierten oder einer individuellen Form gestaltet werden.

Morgen kommt der Weihnachtsmann

Das nochmalige Spiel des ersten Melodieteils beendet das Stück nach der dritten Wiederholung. Das Zwischenspiel gestalten die Melodieinstrumente als Soloteil.

Reigen

Der „Reigen“ wird beliebig oft wiederholt und in der Reihenfolge A B A dargestellt.

Seht, es naht die heilige Zeit

Dieses Weihnachtslied aus der ehemaligen Tschechoslowakei wird in der notierten Reihenfolge unter Beachtung der Wiederholungen realisiert. Es kann als reines Instrumentalstück oder mit einer Gruppe als Lied aufgeführt werden. Die Notation des Liedblattes ist auf das Instrumentalarrangement abgestimmt. Das Dal-Segno-Zeichen lässt das Stück von vorne wiederholen bis zum Hinweis „Fine“.

Unterwegs

Die Orffinstrumente setzen das Stück zuerst alleine um, bei der Wiederholung kommen die Melodieinstrumente dazu.

Bei guter Laune

In der notierten Reihenfolge beginnen die Begleitinstrumente, in der Wiederholung ergänzt die Melodie. Der Tonartwechsel im B-Teil muss beachtet werden.

Feierliche Weise

Die Triangel unterstützt den feierlichen Charakter des Stückes, das majestätisch schreitend realisiert und noch einmal wiederholt wird.

Heiteres Spielstück

Den ersten Durchgang gestalten lediglich die Begleitinstrumente, die Melodie kommt in der Wiederholung dazu. Die untere Melodiestimme sollte in stärkerer Besetzung umgesetzt werden.

Musik machen in der Grundschule
Arrangements für Orff- und Melodieinstrumente – Bestell-Nr. 11 629
KOHL VERLAG

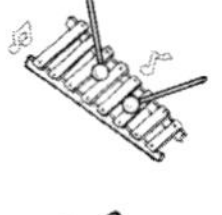

In froher Runde

Der erste Durchgang wird von der dreistimmigen Melodie solistisch gestaltet. In der Wiederholung ergänzen die Begleitinstrumente die Umsetzung.

Melodie zum Träumen

Die Realisation des Stückes orientiert sich am Titel: ruhig, gefühlvoll, träumerisch. Tipp: An den Harmonieangaben orientierte gezupfte Gitarrenklänge oder vom Keyboard unterlegte Strings unterstützen den Charakter des Stückes.

Musikalisches Zwiegespräch

Das „Zwiegespräch“ findet zwischen den Melodieführungen und der Begleitung statt und wird in der Realisation durch die Sitzordnung der Gruppen verdeutlicht. Die dreistimmige Melodie stellt eine besondere Herausforderung dar.

Spielstücke der Hirten

Die Melodie sollte bevorzugt mit Flöten besetzt werden und die Teile A, B und C solistisch gestalten. Nach dem Vorspiel folgt die Reihenfolge A A B A A C A A, wobei nur die unterstrichenen Teile begleitet werden.

Auf der Jagd

Ein zügiges Tempo kennzeichnet dieses anspruchsvolle Stück im 6/8-Takt. Die Melodie beginnt solistisch, die Wiederholung ergänzen die begleitenden Stimmen.

Deutscher Tanz Nr. 3

Der „Deutsche Tanz Nr. 3“ von Wolfgang Amadeus Mozart stellt hohe Anforderungen an die Musikanten und sollte nur von sicheren Instrumentalisten, insbesondere Melodiespielern gestaltet werden. Die vierstimmige Melodie wird von dem „Quartett“ auch außerhalb der Unterrichtszeit vorbereitet. Der Tonartwechsel (F-Dur) im Trio stellt eine weitere Herausforderung dar. Das Stück ist besonders geeignet für eine Aufführung als Abschluss der Grundschulzeit.

Tiritomba

Diese heiter-beschwingte italienische Volksweise wird im ersten Durchgang von der Melodie solistisch umgesetzt. Die Begleitinstrumente kommen in der Wiederholung dazu.

1 Besinnliche Weise

Partitur

Karl-Heinz Knorr

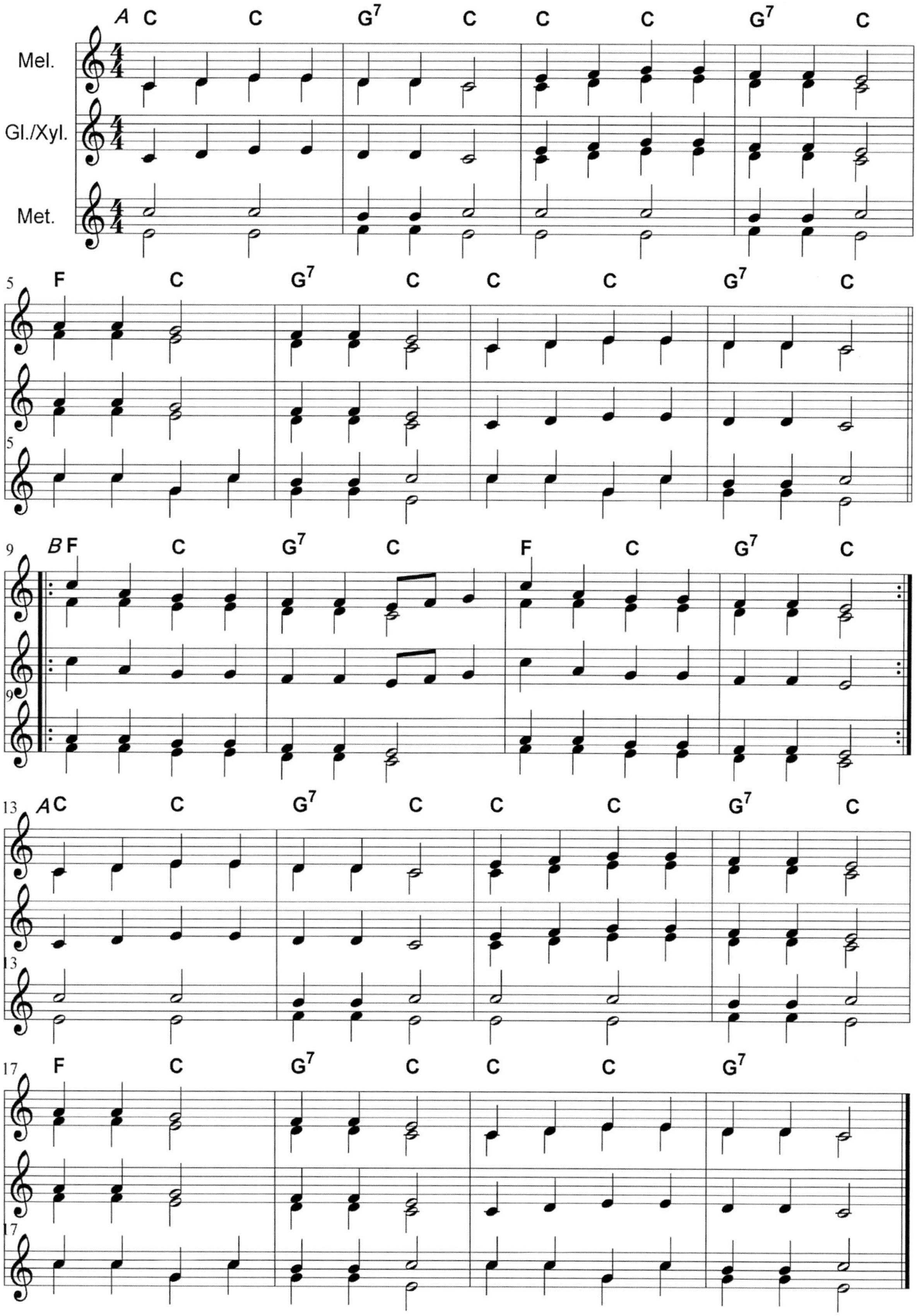

Mel.
Gl./Xyl.
Met.

A C C G7 C C C G7 C

5 F C G7 C C C G7 C

9 B F C G7 C F C G7 C

13 A C C G7 C C C G7 C

17 F C G7 C C C G7

Musik machen in der Grundschule
Arrangements für Orff- und Melodieinstrumente – Bestell-Nr. 11 629
KOHL VERLAG

1 Besinnliche Weise

Melodie/Harmonie

Karl-Heinz Knorr

Karl-Heinz Knorr

Metallophon

Karl-Heinz Knorr

2 Festmusik

Partitur

Karl-Heinz Knorr

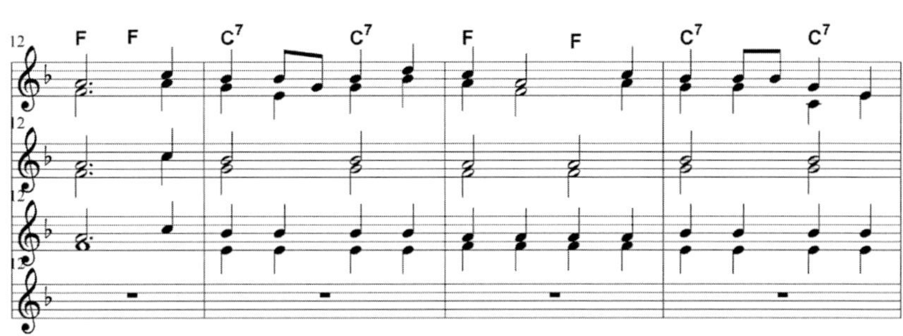

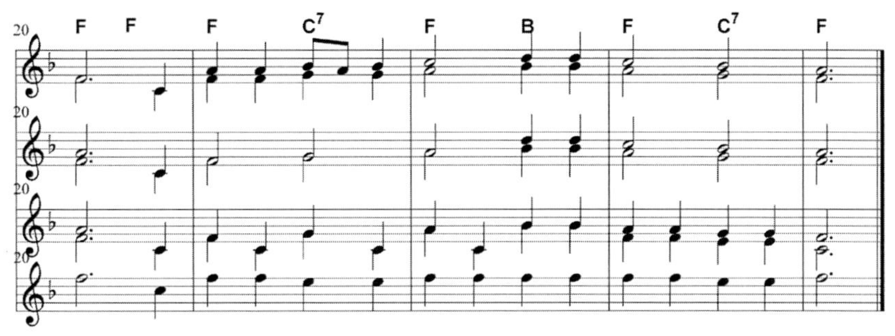

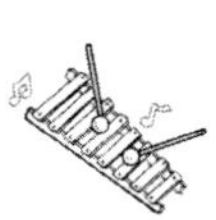

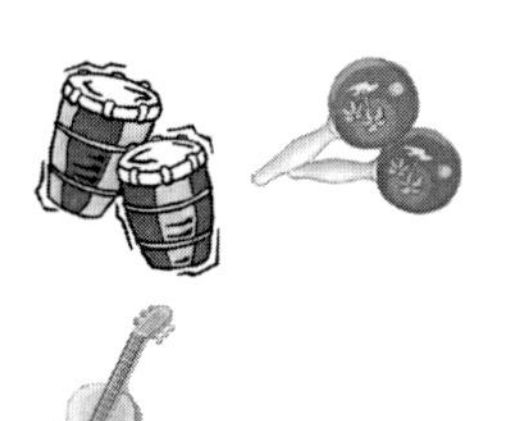

2 Festmusik

Melodie/Harmonie

Karl-Heinz Knorr

Metallophon

Karl-Heinz Knorr

Glockenspiel

Karl-Heinz Knorr

Musik machen in der Grundschule

2 Festmusik

Xylophon

Karl-Heinz Knorr

KOHL VERLAG
Musik machen in der Grundschule
Arrangements für Orff- und Melodieinstrumente – Bestell-Nr. 11 629

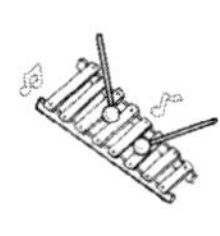

3 Frohe Weise

Karl-Heinz Knorr

Partitur

A
C C C C G G |1. C C

Mel.
Met.
Xyl.
Gl.

5 |2. C C B G G C C G^{7} G^{7} C C

10 A
C C C C G G |1. C C |2. C C

3 Frohe Weise

Melodie/Harmonie

Karl-Heinz Knorr

Glockenspiel

Karl-Heinz Knorr

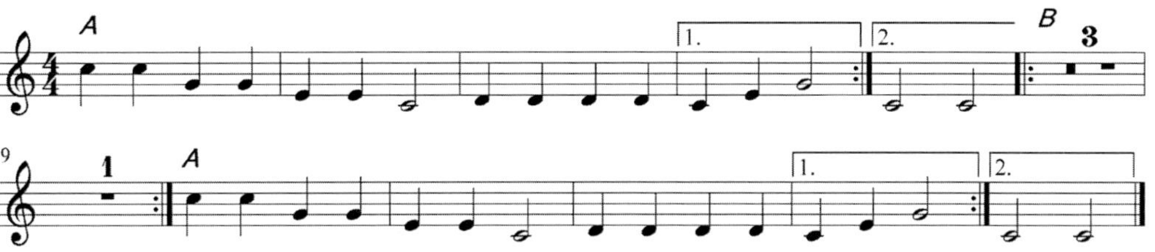

Xylophon

Karl-Heinz Knorr

Metallophon

Karl-Heinz Knorr

Musik machen in der Grundschule
Arrangements für Orff- und Melodieinstrumente – Bestell-Nr. 11 629
KOHL VERLAG

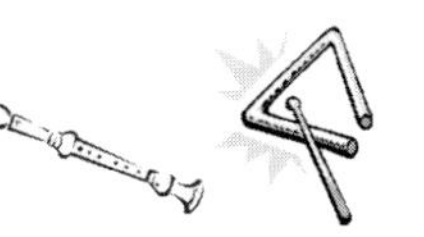

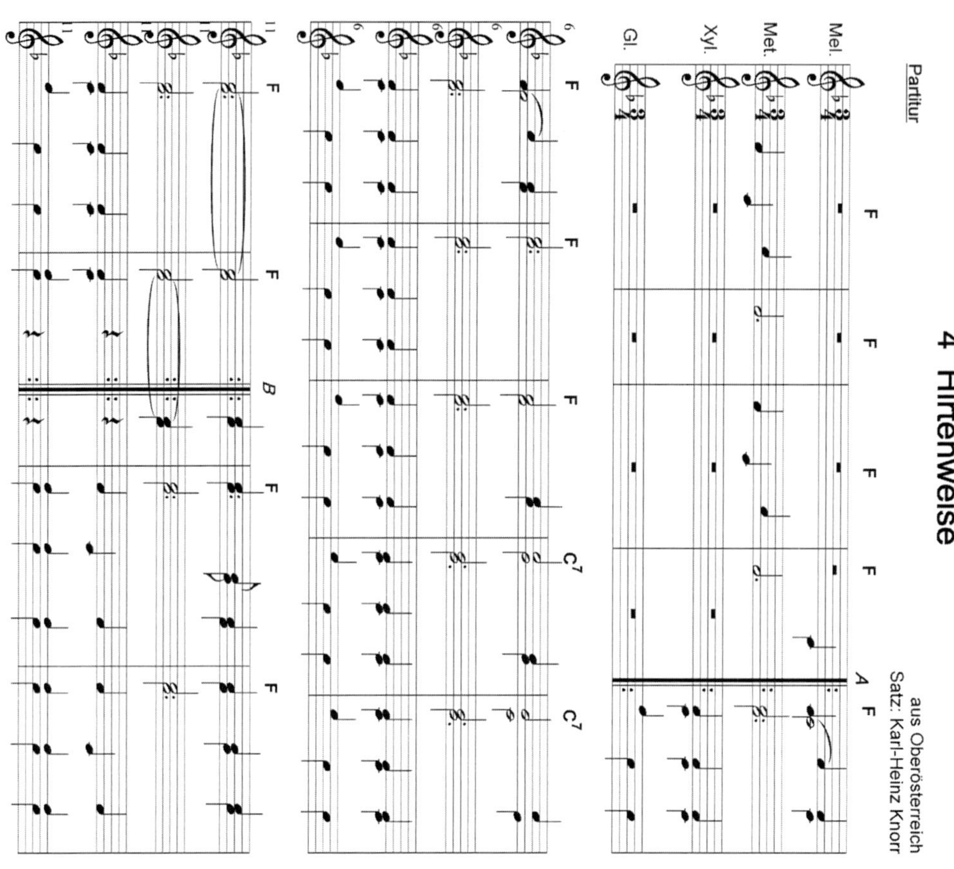

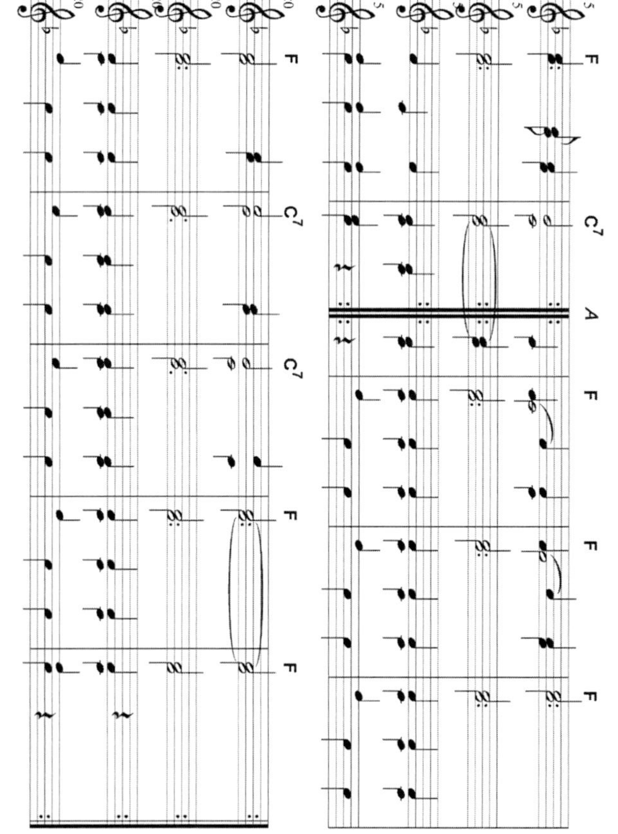

Reihenfolge: **A** **<u>A</u>** **B** **<u>B</u>** **A** **<u>A</u>**

Die Melodie wird nur im unterstrichenen Teil begleitet.

4 Hirtenweise

aus Oberösterreich

Melodie/Harmonie

Karl-Heinz Knorr

Glockenspiel

Karl-Heinz Knorr

Metallophon

Karl-Heinz Knorr

Musik machen in der Grundschule
Arrangements für Orff- und Melodieinstrumente – Bestell-Nr. 11 629

KOHL VERLAG

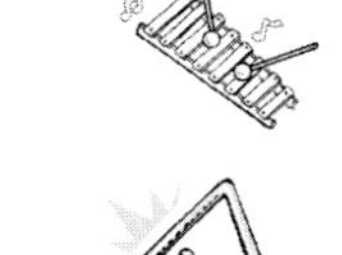

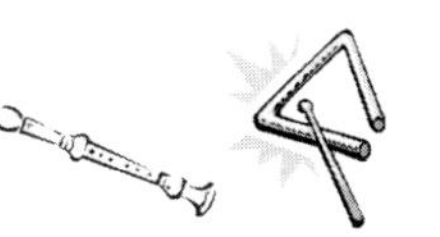

4 Hirtenweise

aus Oberösterreich

Glockenspiel

Karl-Heinz Knorr

A B A

10

15

20

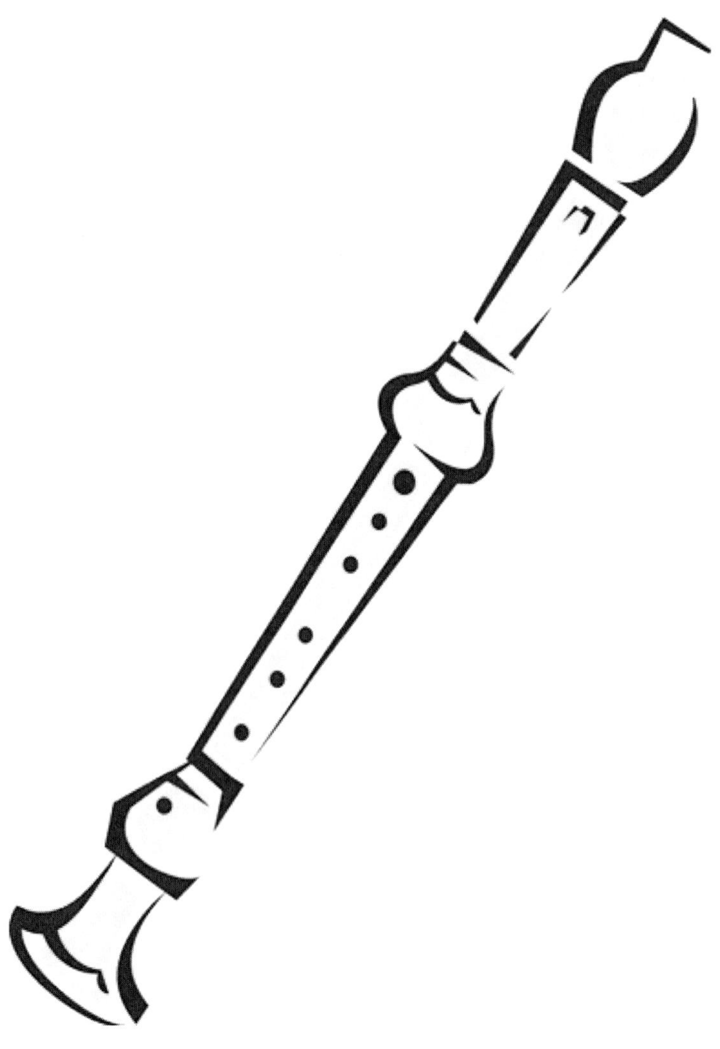

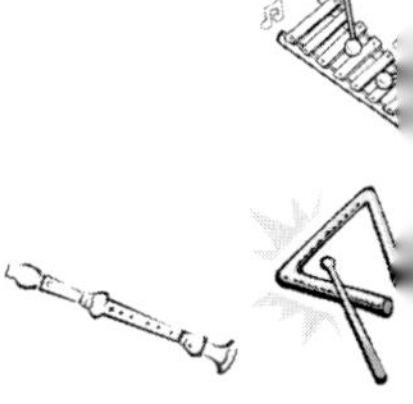

Musik machen in der Grundschule

5 Intrada

Partitur

Karl-Heinz Knorr

Reihenfolge: **A A B A A**

Musik machen in der Grundschule
Arrangements für Orff- und Melodieinstrumente – Bestell-Nr. 11 629

KOHL VERLAG

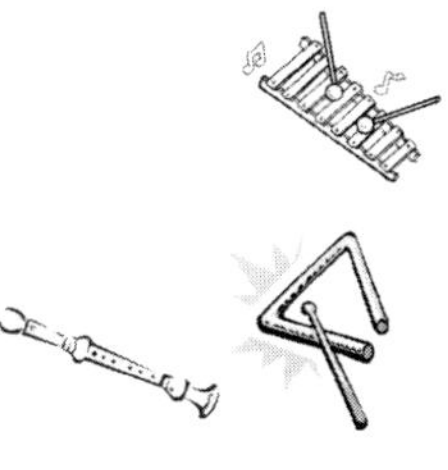

5 Intrada

Melodie/Harmonie

Karl-Heinz Knorr

Glockenspiel

Karl-Heinz Knorr

Xylophon

Karl-Heinz Knorr

Metallophon

Karl-Heinz Knorr

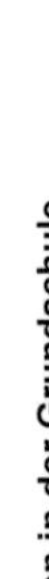

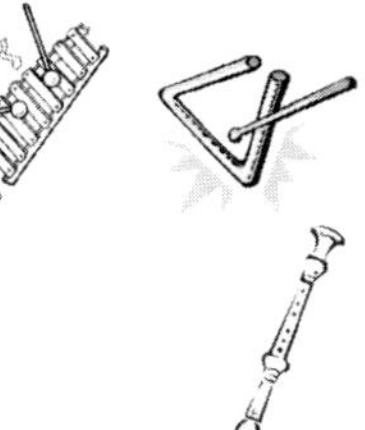

6 Ma come bali bella bimba

Partitur

ital. Volksweise
Satz: Karl-Heinz Knorr

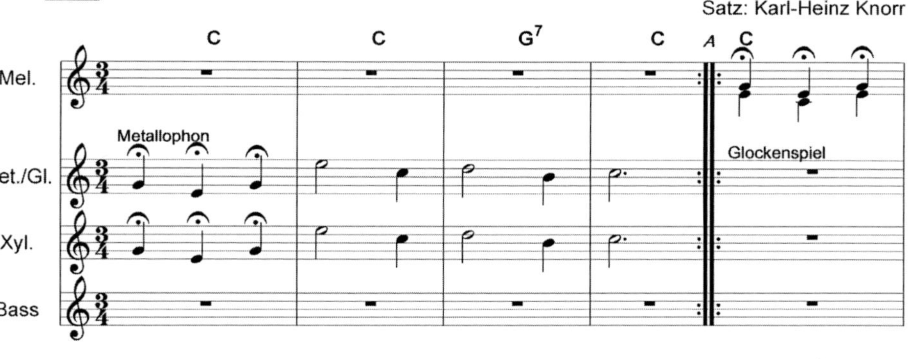

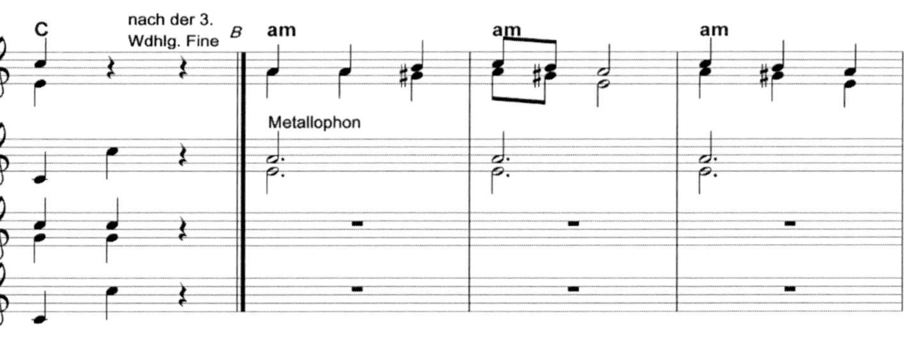

6 Ma come bali bella bimba

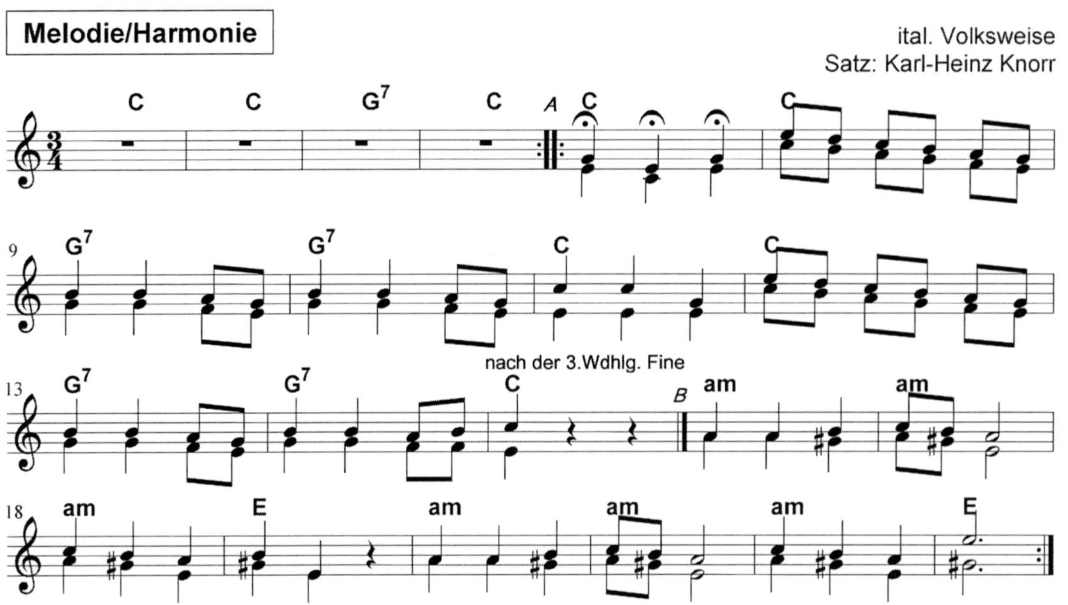

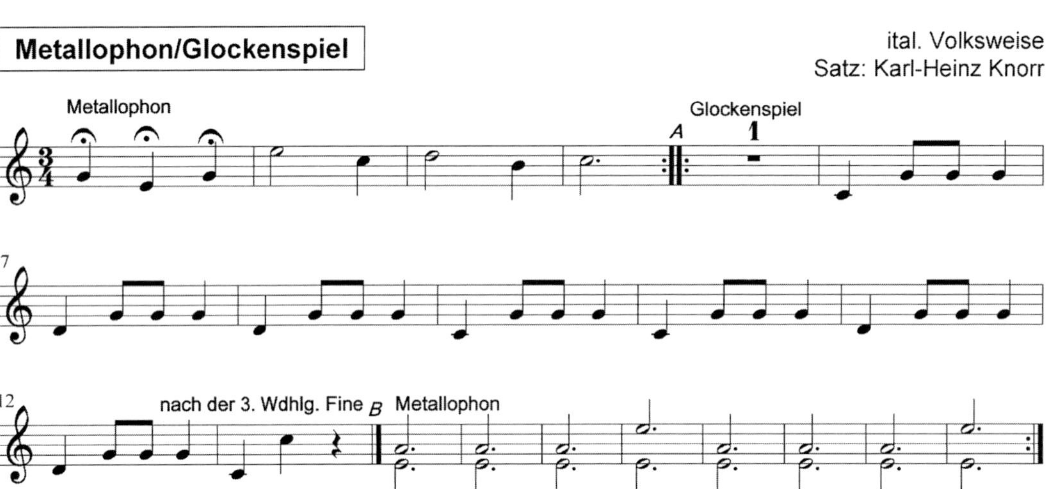

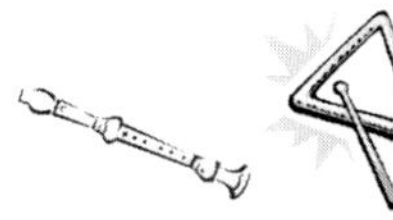

6 Ma come bali bella bimba

Bass

ital. Volksweise
Satz: Karl-Heinz Knorr

Musik machen in der Grundschule
Arrangements für Orff- und Melodieinstrumente – Bestell-Nr. 11 629
KOHL VERLAG

7 Kleiner Marsch

Karl-Heinz Knorr

Partitur

A

C G7 C F

Mel.1

Mel. 2/3

Met.

Gl., Wdhlg. Xyl.

Gl./Xyl.

C G7 C C

B

C G

F C F C G7 C

Reihenfolge 1. Durchgang: **A A B B**

Reihenfolge 2. Durchgang: **A A B B A**

7 Kleiner Marsch

Melodie 2/3

Karl-Heinz Knorr

Melodie 1/Harmonie

Karl-Heinz Knorr

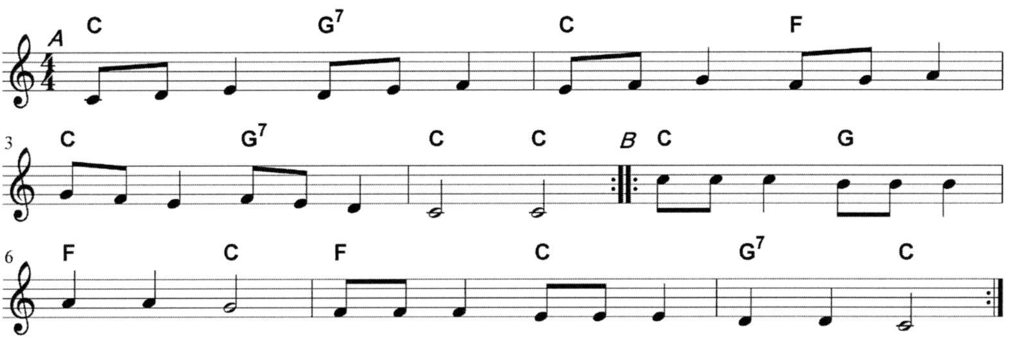

Glockenspiel/Xylophon

Karl-Heinz Knorr

Glockenspiel/Xylophon im Wechsel

Metallophon

Karl-Heinz Knorr

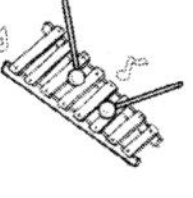

Musik machen in der Grundschule
Arrangements für Orff- und Melodieinstrumente – Bestell-Nr. 11 629
KOHL VERLAG

8 Morgen, Kinder, wird´s was geben

Partitur

Volkslied
Satz: Karl-Heinz Knorr

Mel.
Gl./Xyl.
Met.

F F F F F C^7 F C

F F B F B F C^7 F Zwischenspiel F F

B F B F C^7 F F F F F

F C^7 F C^7 F F B F B F

C^7 F F F B F B F C^7 F

Nachspiel

8 Morgen, Kinder, wird´s was geben

Melodie/Harmonie

Volkslied
Satz: Karl-Heinz Knorr

Glockenspiel/Xylophon

Volkslied
Satz: Karl-Heinz Knorr

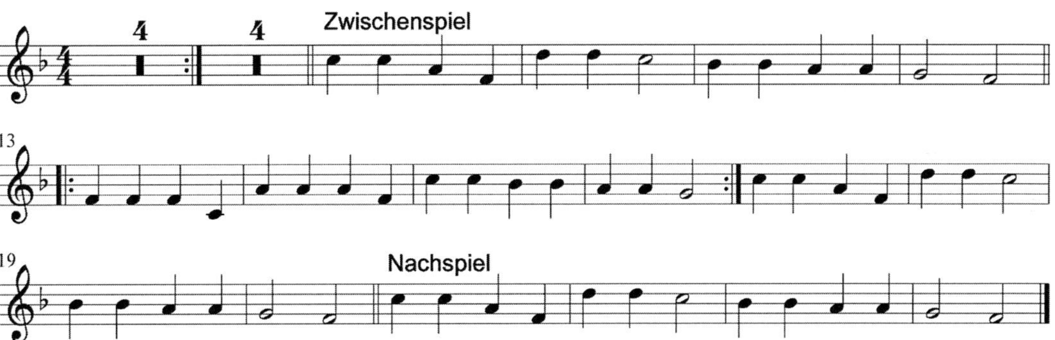

Metallophon

Volkslied
Satz: Karl-Heinz Knorr

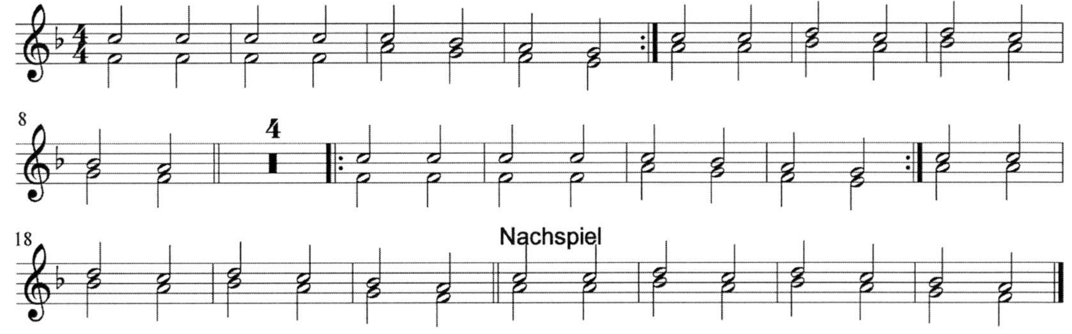

Musik machen in der Grundschule
Arrangements für Orff- und Melodieinstrumente – Bestell-Nr. 11 629
KOHL VERLAG

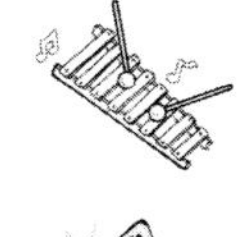

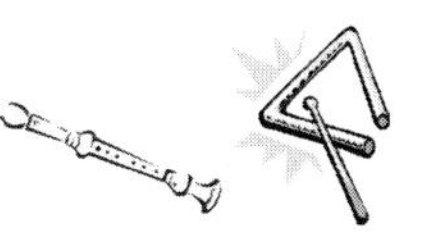

9 Morgen kommt der Weihnachtsmann

Volkslied
Satz: Karl-Heinz Knorr

Partitur

Mel.
Gl./Xyl.
Met.

C C F C G7 C G7 C

5 C G7 C G C G7 C G

9 C C F C G7 C G7 C

nach der 3. Wdhlg. Fine

Zwischenspiel

13 F C G7 C F C G7 C

9 Morgen kommt der Weihnachtsmann

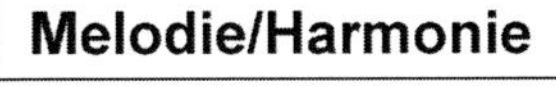

Volkslied
Satz: Karl-Heinz Knorr

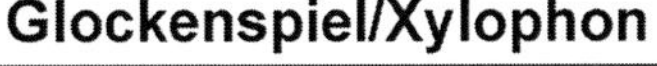

Volkslied
Satz: Karl-Heinz Knorr

Reihenfolge: 1. Glockenspiel / 2. Xylophon / 3. Gl.+Xyl.

Volkslied
Satz: Karl-Heinz Knorr

10 Reigen

Partitur

Karl-Heinz Knorr

Metallophon/Harmonie

Karl-Heinz Knorr

Glockenspiel

Karl-Heinz Knorr

Xylophon

Karl-Heinz Knorr

11 Seht, es naht die heilige Zeit

Weihnachtsweise aus der ehem. Tschechoslowakei
Satz: Karl-Heinz Knorr

Partitur

Musik machen in der Grundschule
Arrangements für Orff- und Melodieinstrumente – Bestell-Nr. 11 629
KOHL VERLAG

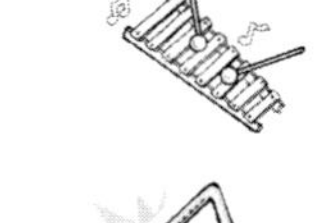

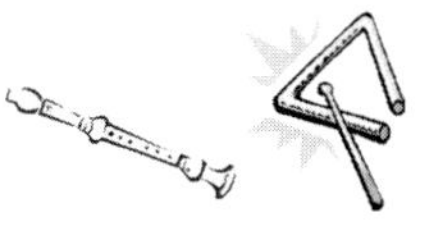

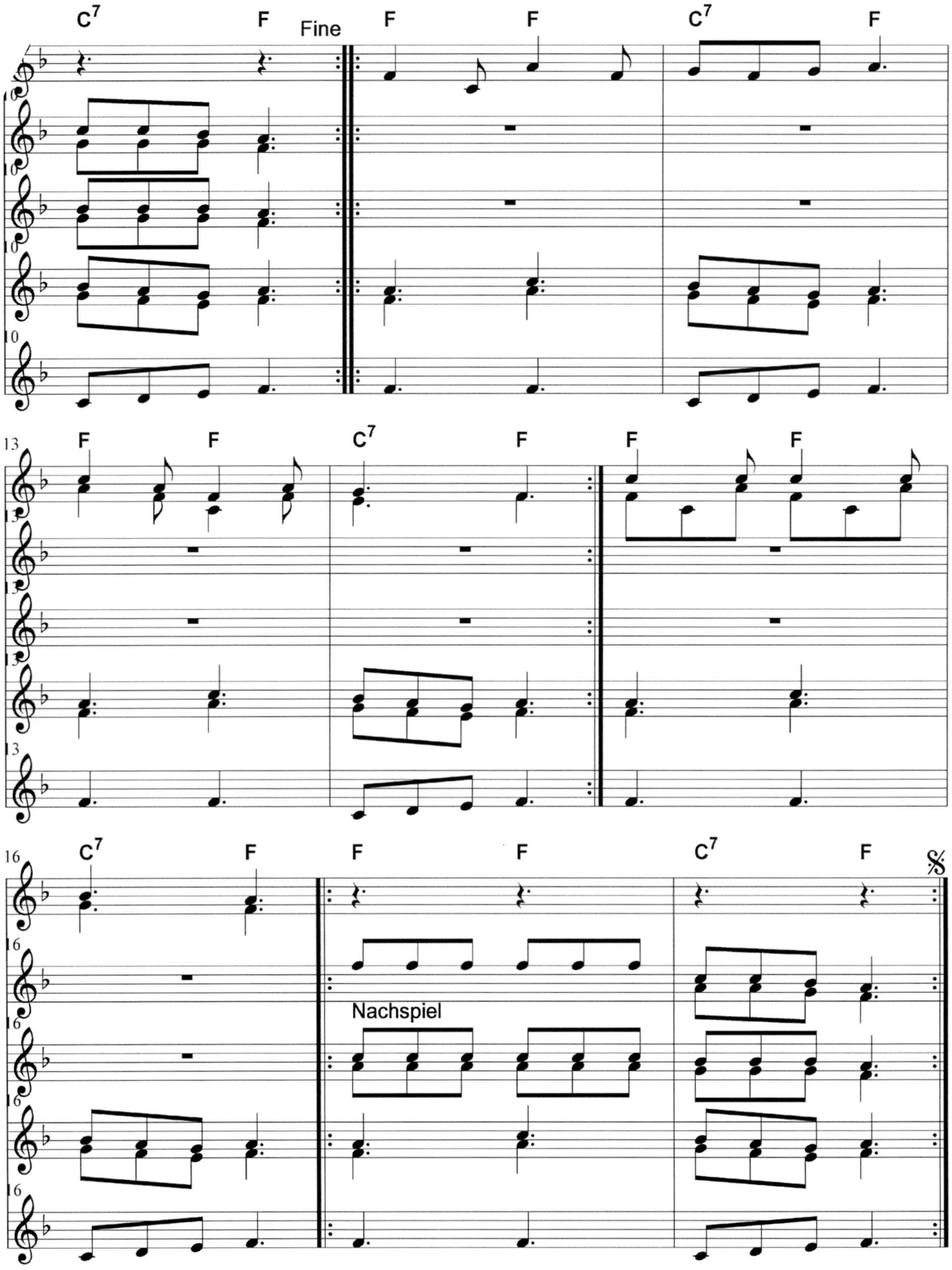

10

C^7 F Fine F F C^7 F

13

F F C^7 F F F

16

C^7 F F F C^7 F

Nachspiel

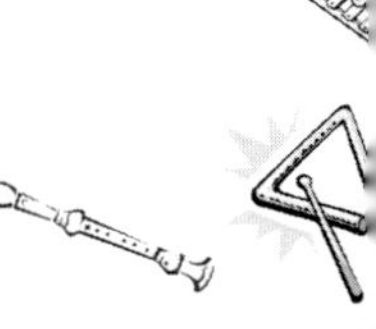

11 Seht, es naht die heilige Zeit

Melodie/Harmonie
Karl-Heinz Knorr
Vorspiel
F F C7 F F F C7 F
F F C7 F
Zwischenspiel
F F C7 F
F F C7 F Fine F F C7 F F F
C7 F F F C7
Nachspiel
F F C7 F

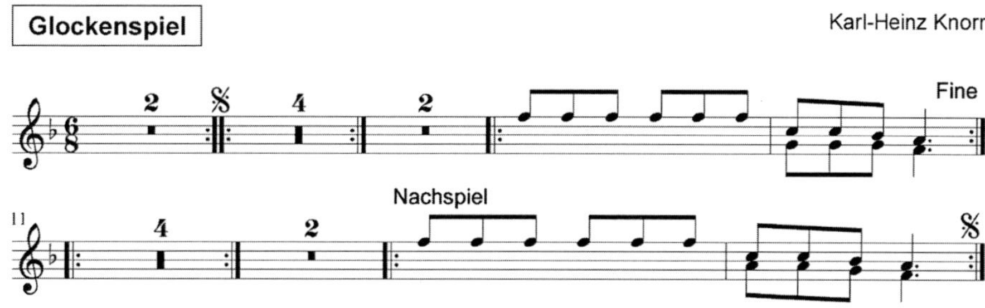
Glockenspiel
Karl-Heinz Knorr
2 4 2
Fine
4 2
Nachspiel

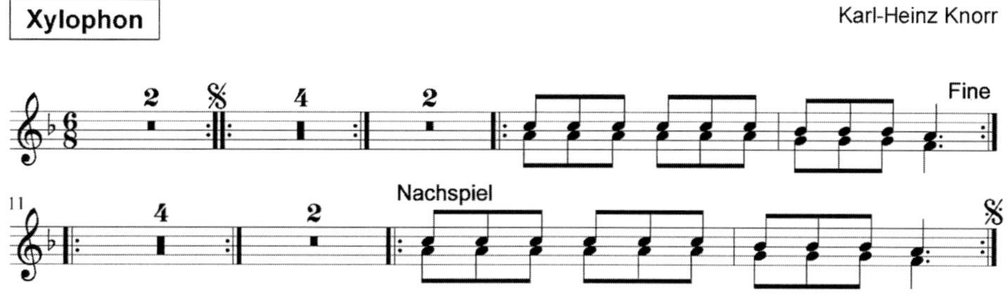
Xylophon
Karl-Heinz Knorr
2 4 2
Fine
4 2
Nachspiel

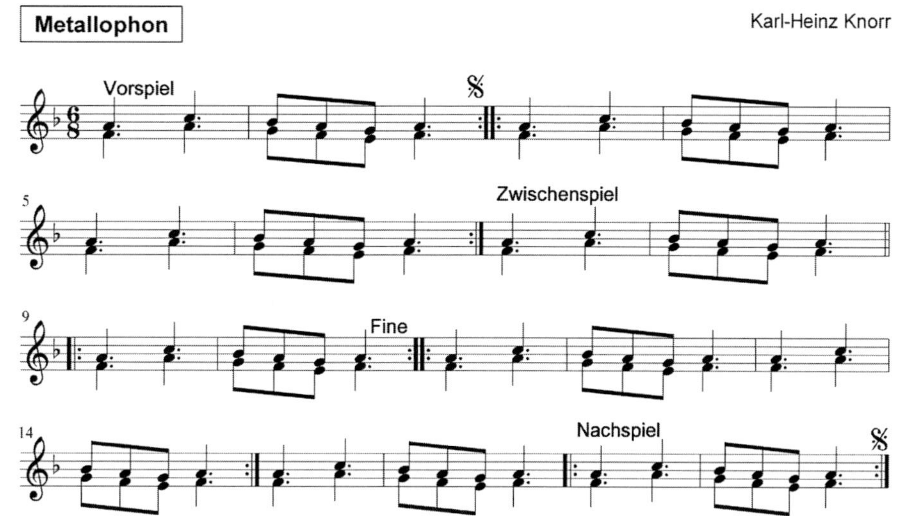
Metallophon
Karl-Heinz Knorr
Vorspiel
Zwischenspiel
Fine
Nachspiel

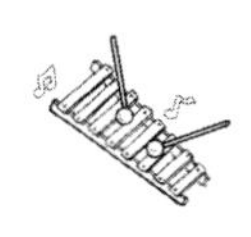

11 Seht, es naht die heilige Zeit

Melodie/Text

Karl-Heinz Knorr

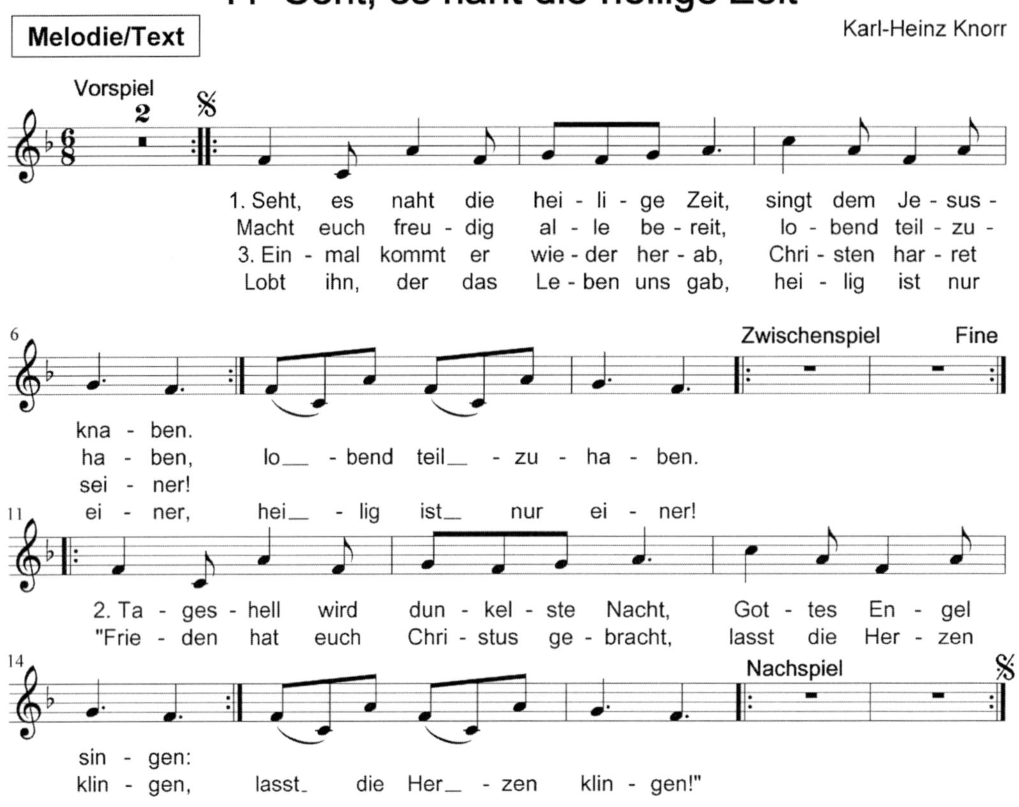

Bass

Karl-Heinz Knorr

𝄋 dal segno = Wiederholung von demselben Zeichen ab dem Anfang des Stückes

Fine = Ende des Stückes

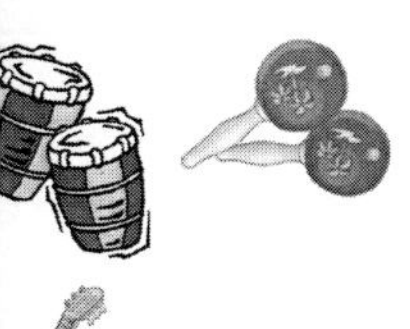

12 Unterwegs

Partitur

Karl-Heinz Knorr

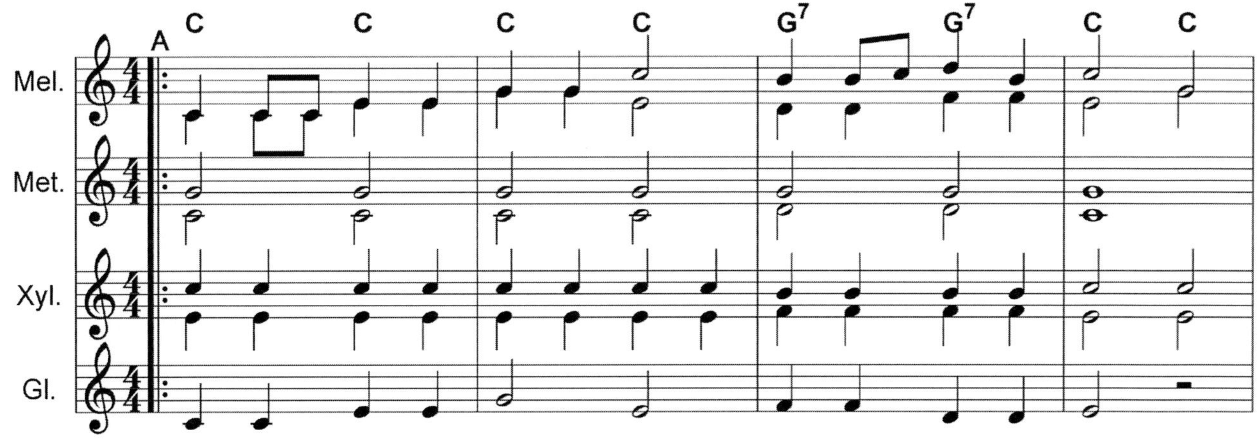

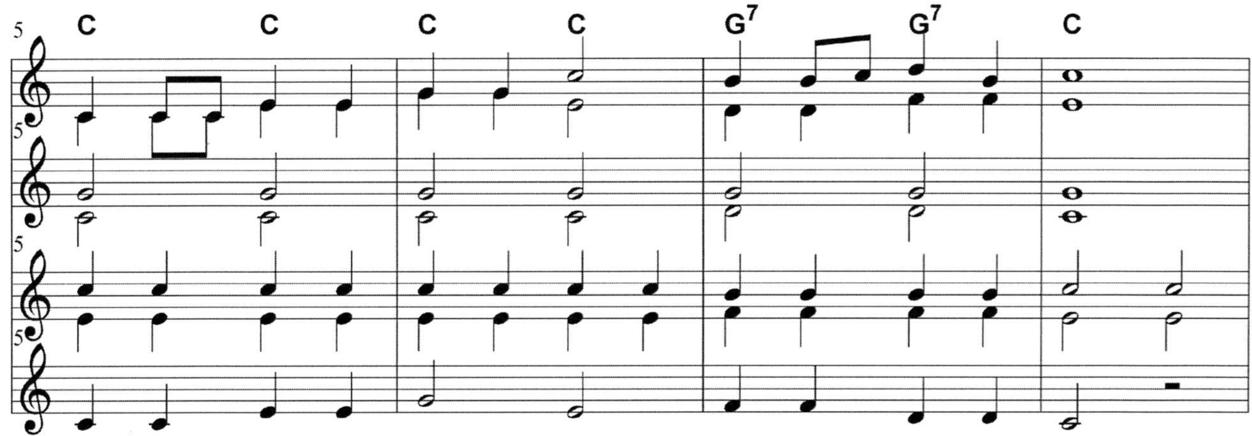

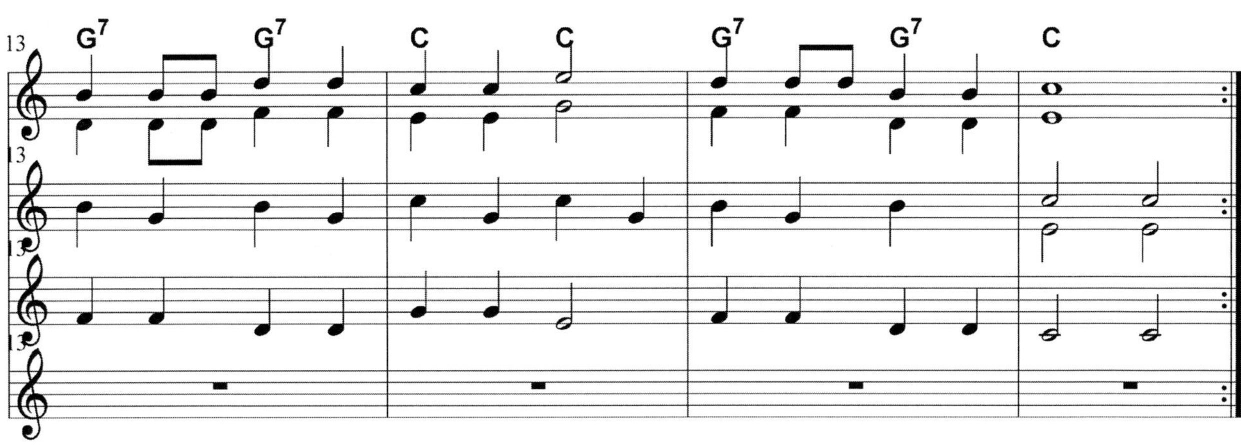

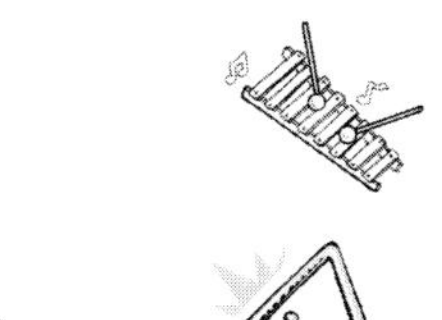

Musik machen in der Grundschule
Arrangements für Orff- und Melodieinstrumente – Bestell-Nr. 11 629
KOHL VERLAG

12 Unterwegs

Melodie/Harmonie

Karl-Heinz Knorr

Glockenspiel

Karl-Heinz Knorr

Xylophon

Karl-Heinz Knorr

Metallophon

Karl-Heinz Knorr

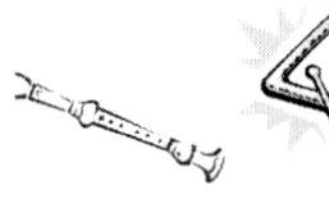

Partitur

13 Bei guter Laune

Karl-Heinz Knorr

Mel.

Gl.

Xyl.

Met.

Musik machen in der Grundschule
Arrangements für Orff- und Melodieinstrumente – Bestell-Nr. 11 629

KOHL VERLAG

13 Bei guter Laune

Melodie/Harmonie

Karl-Heinz Knorr

Glockenspiel

Karl-Heinz Knorr

Xylophon

Karl-Heinz Knorr

Metallophon

Karl-Heinz Knorr

14 Feierliche Weise

Partitur

Karl-Heinz Knorr

Musik machen in der Grundschule
Arrangements für Orff- und Melodieinstrumente – Bestell-Nr. 11 629
KOHL VERLAG

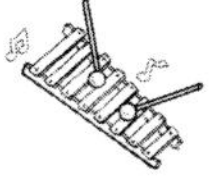

14 Feierliche Weise

Meodie/Harmonie

Karl-Heinz Knorr

Glockenspiel

Karl-Heinz Knorr

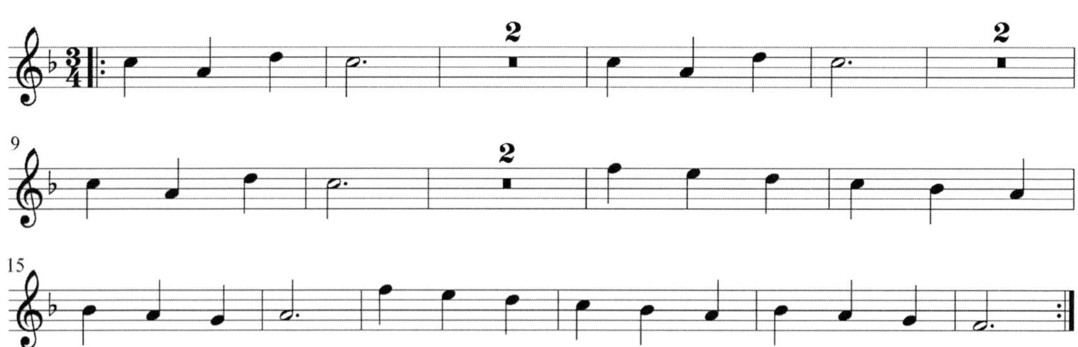

Xylophon

Karl-Heinz Knorr

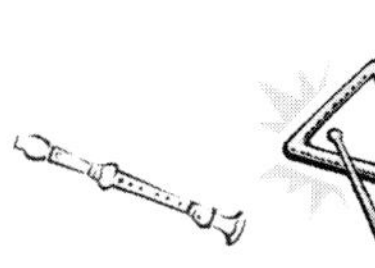

14 Feierliche Weise

Metallophon

Karl-Heinz Knorr

Triangel

Karl-Heinz Knorr

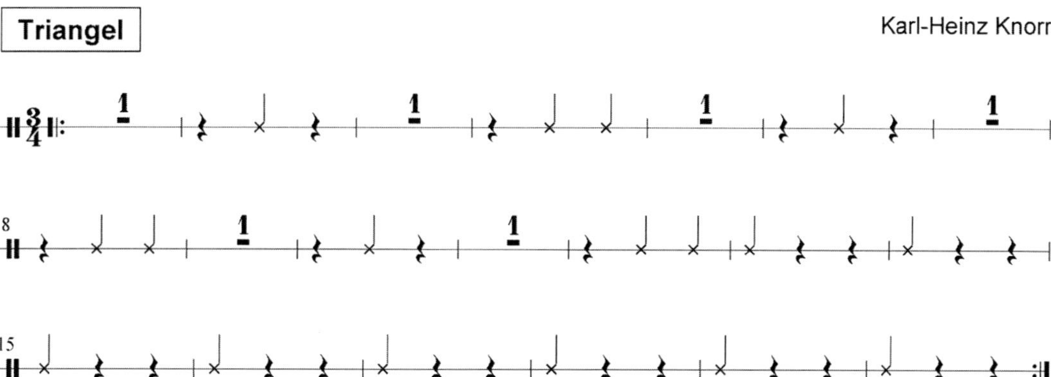

Musik machen in der Grundschule
Arrangements für Orff- und Melodieinstrumente – Bestell-Nr. 11 629

KOHL VERLAG

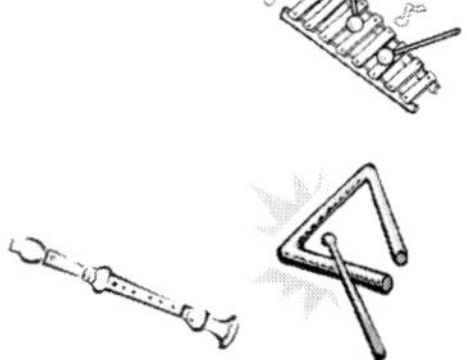

15 Heiteres Spielstück

Partitur

Karl-Heinz Knorr

A

C C F C G⁷ C G⁷ C

Mel.

Gl./Xyl.

Met.

B

C G⁷ C G⁷ C G⁷ C G⁷

A

C C F C G⁷ C G⁷ C

Reihenfolge **A A B A A**

1. Durchgang: **Begleitinstrumente**

2. Durchgang (Wdh.): **mit Melodie**

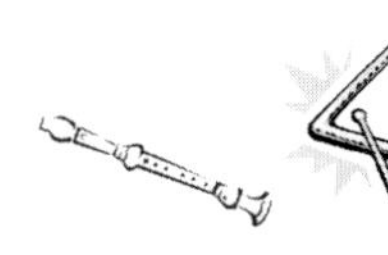

15 Heiteres Spielstück

Melodie/Harmonie

Karl-Heinz Knorr

Glockenspiel/Xylophon

Karl-Heinz Knorr

Metallophon

Karl-Heinz Knorr

Musik machen in der Grundschule
Arrangements für Orff- und Melodieinstrumente – Bestell-Nr. 11 629

KOHL VERLAG

16 In froher Runde

Partitur

Karl-Heinz Knorr

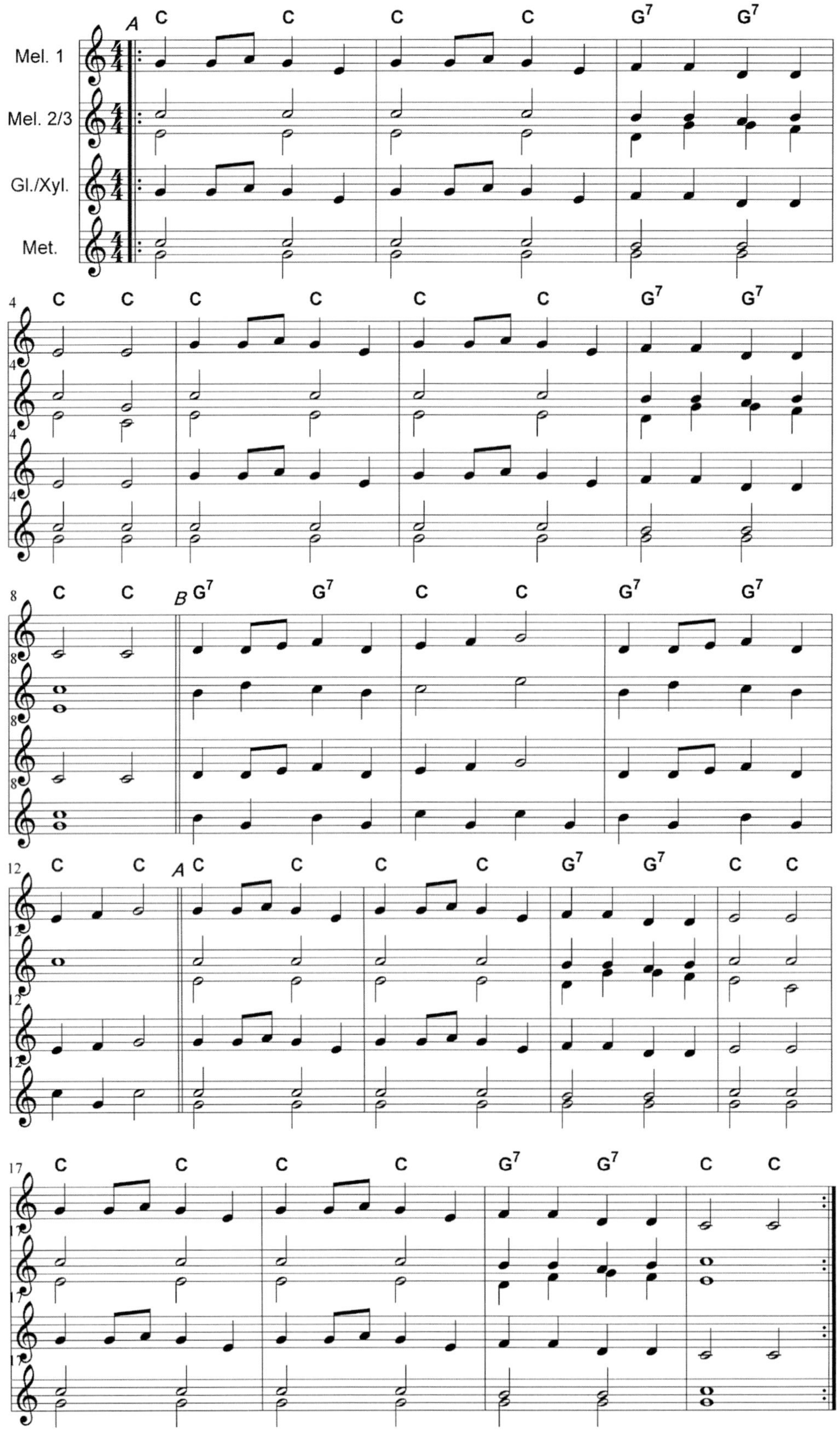

Mel. 1

Mel. 2/3

Gl./Xyl.

Met.

Reihenfolge **A B A**

1. Durchgang: **Melodiestimmen**

2. Durchgang (Wdh.): **Begleitstimme**

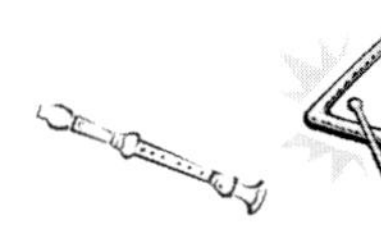

16 In froher Runde

Melodie 1/Harmonie

Karl-Heinz Knorr

Melodie 2/3

Karl-Heinz Knorr

Metallophon

Karl-Heinz Knorr

Glockenspiel/Xylophon

Karl-Heinz Knorr

Musik machen in der Grundschule
Arrangements für Orff- und Melodieinstrumente – Bestell-Nr. 11 629
KOHL VERLAG

17 Melodie zum Träumen

Karl-Heinz Knorr

Partitur

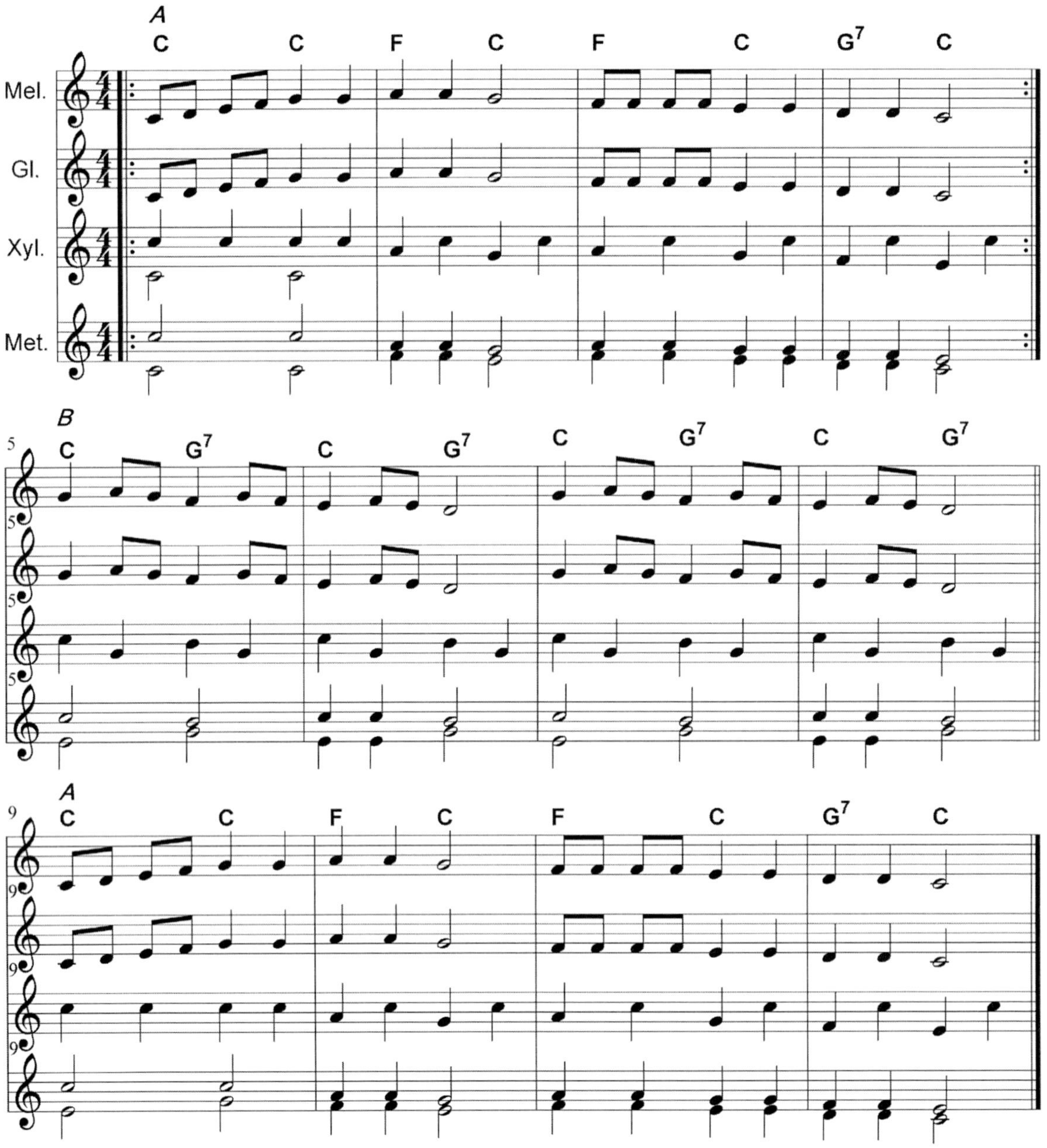

A

C C F C F C G7 C

Mel.

Gl.

Xyl.

Met.

B

C G7 C G7 C G7 C G7

A

C C F C F C G7 C

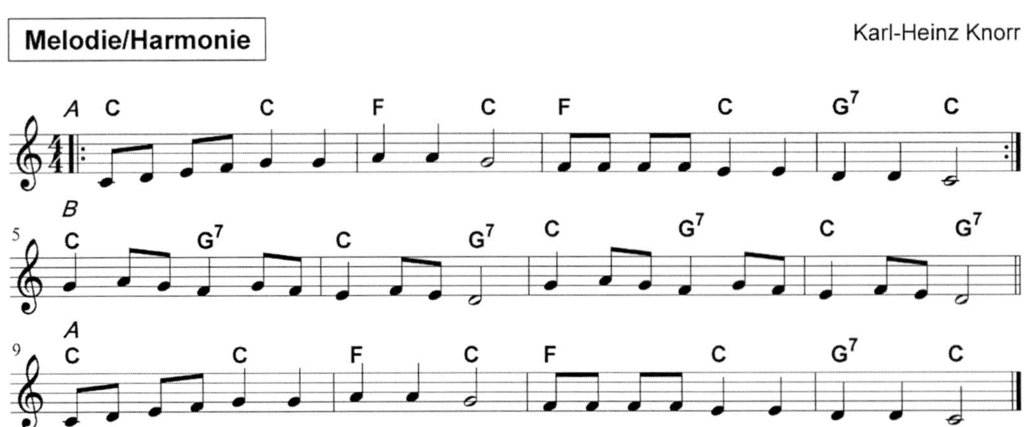

17 Melodie zum Träumen

Glockenspiel

Karl-Heinz Knorr

Xylophon

Karl-Heinz Knorr

Metallophon

Karl-Heinz Knorr

Musik machen in der Grundschule
Arrangements für Orff- und Melodieinstrumente – Bestell-Nr. 11 629
KOHL VERLAG

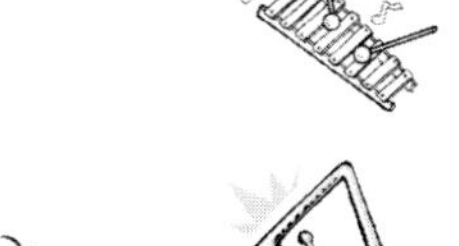

18 Musikalisches Zwiegespräch

<u>Partitur</u>

Karl-Heinz Knorr

Mel. 1/2

Mel. 3

Gl.

Xyl.

Met.

18 Musikalisches Zwiegespräch

Karl-Heinz Knorr

Karl-Heinz Knorr

Glockenspiel

Karl-Heinz Knorr

Musik machen in der Grundschule
Arrangements für Orff- und Melodieinstrumente – Bestell-Nr. 11 629
KOHL VERLAG

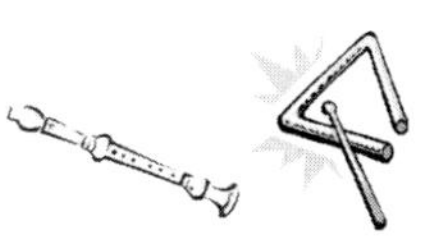

18 Musikalisches Zwiegespräch

Metallophon

Karl-Heinz Knorr

Xylophon

Karl-Heinz Knorr

19 Spielstück der Hirten

Partitur

Karl-Heinz Knorr

Mel. 1/2

Gl.

Xyl.

Met.

F F C7 1. F 2F A

6 F F C7 F

Begl. nur bei Wdhlg.

10 F F C7 1F 2F B

Musik machen in der Grundschule
Arrangements für Orff- und Melodieinstrumente – Bestell-Nr. 11 629
KOHL VERLAG

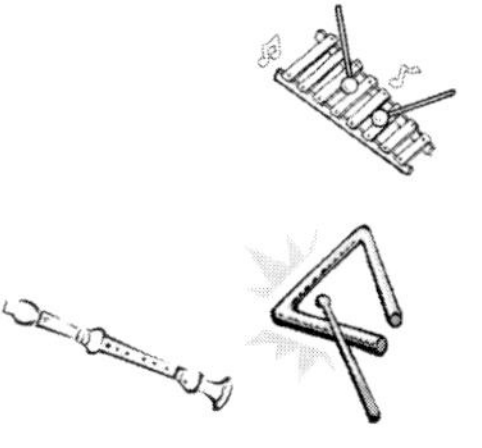

15 C7 F C7 F A

19 F F C7 F F

24 F C7 F C C7 F

29 C7 F A F F C7

34 F F F C7 F

19 Spielstück der Hirten

Melodie 1/2 / Harmonie

Karl-Heinz Knorr

Glockenspiel

Karl-Heinz Knorr

Musik machen in der Grundschule
Arrangements für Orff- und Melodieinstrumente – Bestell-Nr. 11 629
KOHL VERLAG

19 Spielstück der Hirten

Metallophon

Karl-Heinz Knorr

1. 2. *A* nur Wdhlg.

9 1. 2. *B* 4 *A*

Xylophon

Karl-Heinz Knorr

20 *C* 4

20 Auf der Jagd

Partitur

Karl-Heinz Knorr

Mel. 1/2

Gl.

Xyl.

Met.

Musik machen in der Grundschule
Arrangements für Orff- und Melodieinstrumente – Bestell-Nr. 11 629

KOHL VERLAG

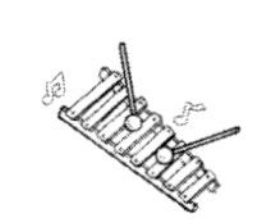

20 Auf der Jagd

Melodie 1/2 / Harmonie

Karl-Heinz Knorr

Glockenspiel

Karl-Heinz Knorr

20 Auf der Jagd

Metallophon

Karl-Heinz Knorr

Xylophon

Karl-Heinz Knorr

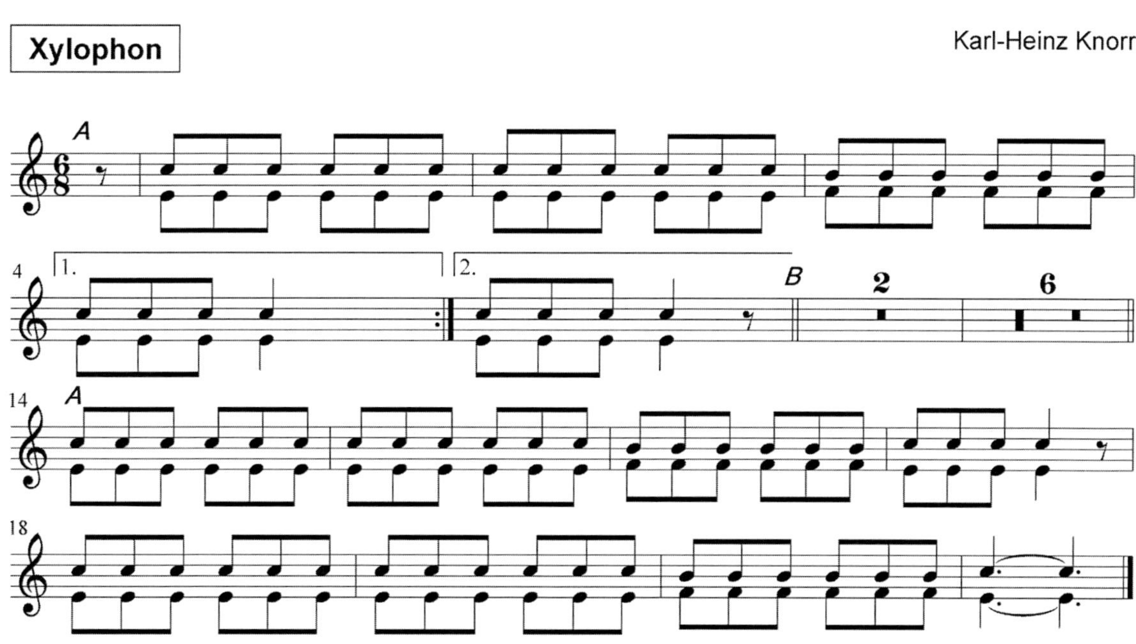

Musik machen in der Grundschule
Arrangements für Orff- und Melodieinstrumente – Bestell-Nr. 11 629
KOHL VERLAG

21 Deutscher Tanz Nr. 3

Partitur

Wolfgang Amadeus Mozart
Satz: Karl-Heinz Knorr

Mel. 1/2/3 (Sopr.-Fl.)
Mel. 4 (Alt-Fl.)
Gl.
Xyl.
Met.
Bass

C C C C

5 G7 C G7 C G7

15 G7 C Fine Trio F C7

19 C7 F F C7 C7

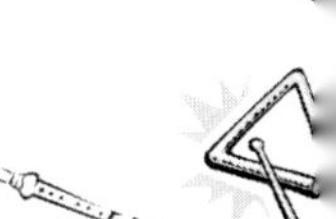

8 C | G D7 G | G | G D7 G

12 G C | G7 C | G7 C

24 F | B | F | B

28 F | C7 | F | C7 | F Da capo al Fine

Musik machen in der Grundschule
Arrangements für Orff- und Melodieinstrumente – Bestell-Nr. 11 629
KOHL VERLAG

21 Deutscher Tanz Nr. 3

21 Deutscher Tanz Nr. 3

Glockenspiel

Wolfgang Amadeus Mozart
Satz: Karl-Heinz Knorr

Xylophon

Wolfgang Amadeus Mozart
Satz: Karl-Heinz Knorr

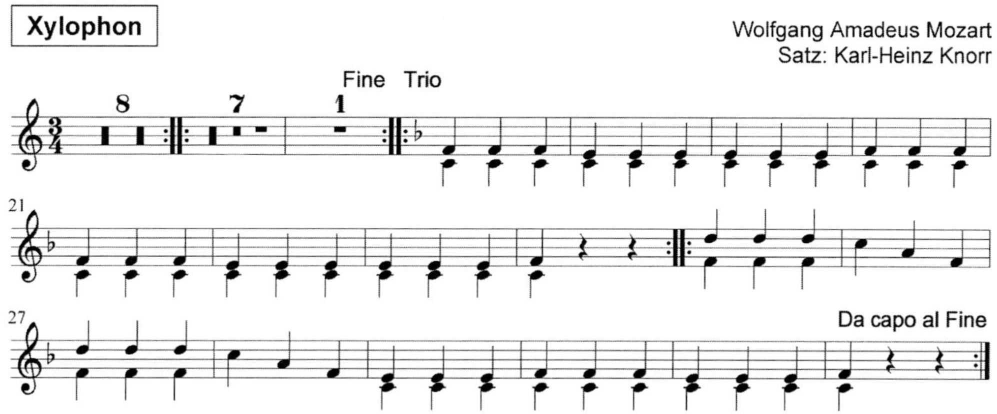

Metallophon

Wolfgang Amadeus Mozart
Satz: Karl-Heinz Knorr

Bass

Wolfgang Amadeus Mozart
Satz: Karl-Heinz Knorr

KOHL VERLAG
Musik machen in der Grundschule
Arrangements für Orff- und Melodieinstrumente – Bestell-Nr. 11 629

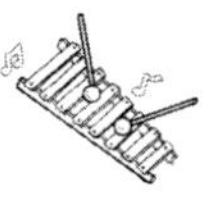

22 Tiritomba

Partitur

ital. Volkslied
Satz: Karl-Heinz Knorr

Mel. 1
Mel. 2
Gl.
Xyl.
Met.

F F F F

3 C7 C7 | 1 F F | 2 F F

6 B B F F C7 C7 F F

10 B B F F C7 C7 F

22 Tiritomba

Melodie 1/Harmonie

ital. Volkslied
Satz: Karl-Heinz Knorr

Melodie 2

ital. Volkslied
Satz: Karl-Heinz Knorr

Glockenspiel

ital. Volkslied
Satz: Karl-Heinz Knorr

Musik machen in der Grundschule
Arrangements für Orff- und Melodieinstrumente – Bestell-Nr. 11 629
KOHL VERLAG

22 Tiritomba

Xylophon

ital. Volkslied
Satz: Karl-Heinz Knorr

Metallophon

ital. Volkslied
Satz: Karl-Heinz Knorr

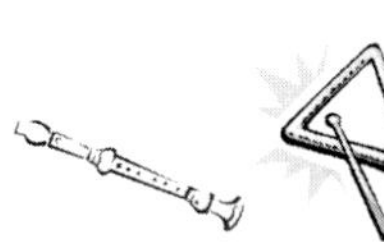